Jacques Goldstyn

# La science MORTE DE RIRE

© Éditions MultiMondes et Agence Science-Presse 2003
ISBN 2-89544-044-1
Dépôt légal – Bibliothèque nationale du Québec, 2003
Dépôt légal – Bibliothèque nationale du Canada, 2003

ÉDITIONS MULTIMONDES
930, rue Pouliot
Sainte-Foy (Québec)  G1V 3N9
CANADA
Téléphone : (418) 651-3885
Téléphone sans frais depuis l'Amérique du Nord : 1 800 840-3029
Télécopie : (418) 651-6822
Télécopie sans frais depuis l'Amérique du Nord : 1 888 303-5931
multimondes@multim.com
http://www.multim.com

**Données de catalogage avant publication (Canada)**

Goldstyn, Jacques

   La science morte de rire

   ISBN 2-89544-044-1

1. Sciences – Caricatures et dessins humoristiques. 2. Technologie – Caricatures et dessins humoristiques. 3. Génétique – Caricatures et dessins humoristiques. 4. Humour par l'image canadien – Québec (Province). 1. Titre.

NC1449.G64 S34 2003     741.5'971C2003-941460-4

Imprimé au Canada/Printed in Canada

Jacques Goldstyn

# La science MORTE DE RIRE

ÉDITIONS
MULTIMONDES

DISTRIBUTION EN LIBRAIRIE
AU CANADA
Diffusion Dimedia
539, boulevard Lebeau
Saint-Laurent (Québec) H4N 1S2
CANADA
Téléphone :     (514) 336-3941
Télécopie :     (514) 331-3916
general@dimedia.qc.ca

DISTRIBUTION EN FRANCE
Librairie du Québec
30, rue Gay-Lussac
75005 Paris
FRANCE
Téléphone :     01 43 54 49 02
Télécopie :     01 43 54 39 15
liquebec@noos.fr

DISTRIBUTION EN BELGIQUE
Librairie Océan
Avenue de Tervuren 139
B-1150 Bruxelles
BELGIQUE
Téléphone :     +32 2 732.35.32
Télécopie :     +32 2 732.42.74
g.i.a@wol.be

DISTRIBUTION EN SUISSE
SERVIDIS SA
Rue de l'Etraz, 2
CH-1027 LONAY
SUISSE
Téléphone :     (021) 803 26 26
Télécopie :     (021) 803 26 29
pgavillet@servidis.ch
http://www.servidis.ch

Les Éditions MultiMondes reconnaissent l'aide financière du gouvernement du Canada par l'entremise du Programme d'aide au développement de l'industrie de l'édition (PADIÉ) pour leurs activités d'édition. Elles remercient la Société de développement des entreprises culturelles du Québec (SODEC) pour son aide à l'édition et à la promotion.
Gouvernement du Québec – Programme de crédit d'impôt pour l'édition de livres – gestion SODEC.

Presque 25 ans plus tard, j'ai toujours en mémoire ces braves petits neurones menacés, le premier dessin de Jacques Goldstyn pour l'Agence Science-Presse. Dès ce moment, j'ai adoré le style, l'humour et la simplicité de ce jeune dessinateur, alors étudiant en géologie à l'Université de Montréal.

Mais je n'aurais jamais pensé qu'il deviendrait l'extraordinaire dessinateur que nous connaissons aujourd'hui et le père de la célèbre grenouille Beppo !

Au début, d'ailleurs, nous avons failli le perdre, quand il est allé exercer son métier de géologue en Alberta. Heureusement, nous avons réussi à le convaincre qu'avec son talent, il pourrait gagner sa vie avec sa plume aussi bien qu'avec son marteau de géologue.

Beaucoup d'éditeurs de magazines et de livres ont bénéficié des talents de Jacques, surtout dans le domaine scientifique : l'Agence Science-Presse, bien sûr, les revues *Québec Science, Découvrir, Travail et Santé, Les Débrouillards* et *Les Explorateurs*, l'ACFAS (pour son congrès et ses livres et cahiers). En dehors de la science, Jacques a collaboré régulièrement avec le magazine *Croc*, le tabloïd satirique *Couac*, les éditions de la Courte échelle et bien d'autres.

Heureusement, Jacques dessine plus vite que son ombre, à l'image du héros bien connu de Morris et Gosciny, qui comptent parmi ses auteurs favoris, après Hergé et Franquin. Des idoles qui l'ont inspiré dans sa création de la bande des Débrouillards, dont les expériences scientifiques et les aventures dessinées font le bonheur des jeunes Québécois depuis plus de 20 ans.

Peu de gens connaissent le travail colossal de Jacques Goldstyn. Nul n'est prophète en son pays, les dessinateurs scientifiques moins que les autres, sans doute. Aussi, il est heureux que grâce à ce livre, ces petits bijoux d'humour goldstynien soient à nouveau accessibles.

Dans ces caricatures, Jacques Goldstyn aborde les questions scientifiques autant dans leurs grandes dimensions socio-politiques et planétaires que dans leurs applications quotidiennes. On réfléchit et on rigole, ou l'inverse ! Une chose est sûre : on est toujours surpris et amusé par le regard nouveau et incisif que Jacques porte sur la science, sur les scientifiques... et sur nous !

Grand érudit, Jacques Goldstyn adore les sciences. Mais... qui aime bien châtie bien, dit-on. Jacques n'hésite pas à descendre les scientifiques de leur piédestal et à les amener eux aussi à rire avec nous. Pour leur plus grand bien et pour le nôtre.

J'ai bien hâte au prochain recueil de Jacques Goldstyn!

Félix Maltais
Ex-directeur général de l'ASP (1978-1995)
et éditeur des *Débrouillards*

# Table des matières

Note : Tous les dessins reproduits dans cet album sont de Jacques Goldstyn, y compris ceux dont la signature est de Boris, un pseudonyme que Jacques Goldstyn utilise dans certaines publications. Les initiales M.M., F.M. ou le nom Lapointe qui apparaissent dans quelques dessins, à gauche, sont de Michel Marsolais, Félix Maltais et Pascal Lapointe qui en ont inspiré la scénarisation.

## Il y a 25 ans, l'Agence Science-Presse...

L'ignorance du public face aux questions scientifiques est un vieux problème, fréquemment soulevé dans les sondages. Aujourd'hui, entre les organismes génétiquement modifiés, le réchauffement global et le bioterrorisme, cette ignorance est plus que jamais à l'ordre du jour. L'acquisition d'un certain bagage scientifique est devenue indispensable à tout citoyen digne de ce nom.

Les médias constituent une partie du problème, car c'est désormais par eux que le public s'informe d'abord et avant tout, une fois qu'il a quitté l'école. C'est par les médias qu'il est « exposé » à la science. Si les médias se désintéressent de la science, c'est un canal de transmission inestimable qui est coupé entre la culture scientifique et le grand public.

C'est dans cette logique qu'une poignée de mordus québécois de la vulgarisation scientifique participait, il y a 25 ans, à la naissance d'un nouveau média, une agence de presse scientifique, l'*Agence Science-Presse*.

Qu'est-ce qu'une agence de presse ? C'est un média qui travaille pour d'autres médias. C'est un média qui ne produit ni magazine ni émission de télé, ce qui le condamne d'emblée à travailler dans l'ombre.

La tâche de l'Agence Science-Presse était, et demeure, d'envoyer aux hebdomadaires régionaux, aux stations de radio, aux quotidiens et à tous ceux qui en font la demande des articles sur l'actualité scientifique, des reportages, des nouvelles brèves et même des dessins.

L'agence de presse, devenue grande, a bien vite étendu ses tentacules. Sous la gouverne de Félix Maltais, l'indispensable, l'âme et l'inspiration, elle a ajouté, dès 1980, une corde «jeunesse» à son arc, la chronique du Petit Débrouillard. Qui s'est mise à publier des livres. Qui ont inspiré des animateurs dans les écoles. La chronique est devenue bulletin, puis magazine, et a été rebaptisée *Les Débrouillards*. Le magazine a engendré une émission de télé et un site Internet.

Pendant ce temps, l'agence de presse a poursuivi sur sa lancée avec des chroniques dans les quotidiens, une émission à la télé communautaire, *Hebdo-Science,* des bulletins pour la radio, un espace régulier pour les jeunes, une présence de plus en plus visible dans les grands médias, d'innombrables nouvelles brèves, un site Internet...

Et ce site Internet, aujourd'hui, est devenu la locomotive de l'Agence. Le nom Agence Science-Presse qui, il y a seulement 10 ans, n'était connu que d'une poignée de journalistes et de médias abonnés, est à présent associé à l'un des sites d'information les plus populaires de toute la francophonie.

Et pourtant, vendre de la science aux médias reste aussi difficile qu'avant. Les médias ont beaucoup de pages à remplir et bien des trous à combler dans la grille horaire, croyez-vous? Erreur. Une fois ces «trous» comblés par l'actualité politique, artistique et sportive – et les faits divers –, les dernières recherches, fussent-elles en génétique, ne pèsent pas lourd.

Elles pèsent d'autant moins lourd qu'elles font peur. Car la science est une information évanescente – rien à voir avec la déclaration d'un ministre qui dit noir pendant que son opposant dit blanc –, pour laquelle on a souvent le sentiment qu'il nous manque un contexte.

De sorte que pour « vendre » la science, il faut la rendre intéressante. Alléchante. Amusante. Intrigante. Inquiétante, parfois. Il faut un hameçon. Ce peut être un premier paragraphe qui frappe fort. Ce peut être une nouvelle ultra-brève, qui en dit plus en 10 lignes qu'un rapport de 100 pages.

Et ça peut être un dessin.

## Le dessin dans la science

Il est toujours étonnant, pour un profane, de voir avec quelle facilité un dessinateur de talent peut transmettre une idée, une information, un message. Quelques traits de plume, et voilà traités avec intelligence les téléphones cellulaires, qui accaparent jusqu'aux salles de spectacle, les coupes budgétaires dans les hôpitaux, la recherche de vie extraterrestre, l'avenir de la robotique.

L'humour peut également tourner en dérision les peurs du temps, comme ce scientifique boutonneux qui s'est cloné lui-même avec une simple éprouvette. En regardant le dessin, tout le monde sait d'instinct qu'une telle situation est invraisemblable! Pourtant, dans les années 1990, avant la naissance de la brebis Dolly, c'est cette image du clonage que bien des gens relayaient dans les médias, en y croyant dur comme fer.

Le dessin peut aussi servir à illustrer un article plus « sérieux ». Mais parmi les dessins publiés dans cet ouvrage, ceux qui, à l'origine, accompagnaient un article ont survécu à ce dernier. Ce qui témoigne du talent du dessinateur. Son dessin a acquis une vie en soi ; le message est toujours présent, il fait toujours sourire, même si l'événement qui l'a inspiré n'appartient plus à l'actualité.

Il aurait été vain d'essayer de produire un recueil chronologique des dessins des 25 dernières années. Certaines périodes auraient été surreprésentées et certaines thématiques auraient été oubliées.

Ce volume, comme les deux autres de la trilogie, n'a donc pour ambition que d'ouvrir une petite fenêtre sur la production gargantuesque qui est sortie de l'Agence Science-Presse. Vingt-cinq ans à tenter d'intéresser les médias à la science. Vingt-cinq ans à rechercher, à travers figures de style et traits de plume, l'élément qui, pour paraphraser un auteur de science-fiction, convaincra le citoyen que *la science, c'est non seulement plus intéressant que ce que vous imaginez, mais surtout, plus intéressant que tout ce que vous pouvez imaginer...*

L'Agence Science-Presse raconte à longueur d'années, depuis un quart de siècle, des histoires fabuleuses, fascinantes et parfois effrayantes. Sur 12 mois, le site Internet aura publié au moins 400 capsules[1] et 52 manchettes[2] ; les abonnés auront reçu une quarantaine de reportages exclusifs, 52 pages pour les jeunes

---

1. http://www.sciencepresse.qc.ca/capsules.html
2. http://www.sciencepresse.qc.ca/manchettes.html

et trois ou quatre centaines d'autres capsules ; alternativement sur Internet et dans le bulletin réservé aux abonnés aura été publiée une centaine de nouvelles scientifiques québécoises[3] ; les Kiosques auront affiché plus d'un millier de recensions d'articles des quatre coins du monde[4].

Il n'aurait été ni pensable ni souhaitable de tout republier. Nous avons donc choisi de nous en tenir à trois thématiques, chacune correspondant à ce que l'Agence Science-Presse fait de mieux, c'est-à-dire la science sous sa forme la plus détendue : l'humour ; l'ironie ; le trait de plume qui frappe, la phrase qui surprend. D'où les trois livres : le dessin *(La science morte de rire)*, le sexe *(Le sexe de la science)* et l'étrange *(La science insolite).* Si vous refermez l'un de ces livres en voyant la science différemment de ce que vous imaginiez auparavant, nous aurons atteint notre but.

Pascal Lapointe
Rédacteur en chef
Agence Science-Presse

3. http://www.sciencepresse.qc.ca/quebec.html
4. http://www.sciencepresse.qc.ca/kiosques.html

# Mais qui sont les chercheurs ?

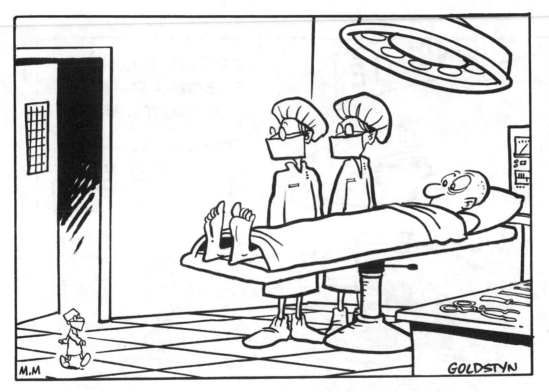

C'est alors que le célèbre microchirurgien fit son entrée.

Congrès des Débrouillards

# Que cherchent-ils ?

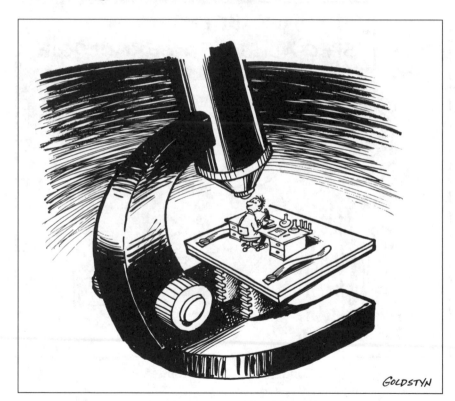

GOLDSTYN

Après 20 ans de recherche, le D^r Bouchard a trouvé dans un coin reculé de l'Amazonie une plante rare capable de guérir le cancer.

Zoologistes urbains au travail

En suivant Godzilla, deux spécialistes en coprologie font la découverte de leur vie...

# COMMUNICATION PRÉSENTÉE PAR
# Le Prof. **AUGUSTE CØNFÜ** PH.D. R.C.A.S. V.T.T W.C
( PRIX ELEONOR WICKSTEED '67 )

TITRE : LA SYNECTIQUE OU LES MÉTHODES DE STIMULATION
DES DIFFÉRENTES ÉTAPES DE LA CRÉATION
INTELLECTUELLE, INDIVIDUELLE OU ENCORE EN
GROUPE DANS L'ALBANIE RURALE POST - HOXHA
EN RELATION AVEC LE RÉCHAUFFEMENT PLANÉTAIRE
PAR L'EFFET DE SERRE ET DES CONSÉQUENCES DE

( SUITE AU VERSO )

Tel que publié dans les Annales philosophiques d'Ingouchie

RÉSUMÉ : VOIR TITRE

PRÉSENTATION
À 2h45 à
LA SALLE C-26
THÉ & BISCUITS
AUX PREMIERS
ARRIVÉS.

*Superbes Diapositives*
SON DOLBY - STEREO

STAGE D'ÉTUDE EN ALBANIE
DU 17 AU 26 JUIN.
PLACES ENCORE DISPONIBLES.
TÉLÉPHONEZ APRÈS 18 H.

SÉANCE DE SIGNATURE
APRÈS LA PÉRIODE DE
QUESTIONS

276-2110 276-2110 276-2110 276-2110 276-2110 276-2110 276-2110 276-2110 276-2110 276-2110 276-2110 276-2110 276-2110 276-2110 276-2110 276-2110 276-2110 276-2110 276-2110 276-2110 276-2110 276-2110

GOLDSTYN

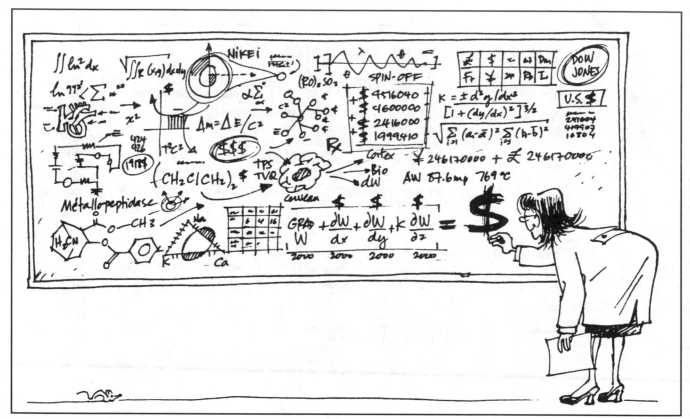

GOLDSTYN

Des chercheurs sont prêts à tout pour obtenir l'argent du gouvernement.

Les parapsychologues

# Les chercheurs
# et leurs amies les bêtes

Une tranche de zèbre (ou de zébœuf)

# À PROPOS DE GÉNÉTIQUE...
## Manipulations sous haute surveillance

«Les techniques de congélation des humains ne sont pas encore au point.»

«La nouvelle machine à liposuccion du Dr Bergeron n'était pas tout à fait au point.»

«Nous tenons à rassurer la population. Malgré les récents incidents, Transgenex demeure une entreprise fiable et sécuritaire.»

# C'est quoi un OGM?

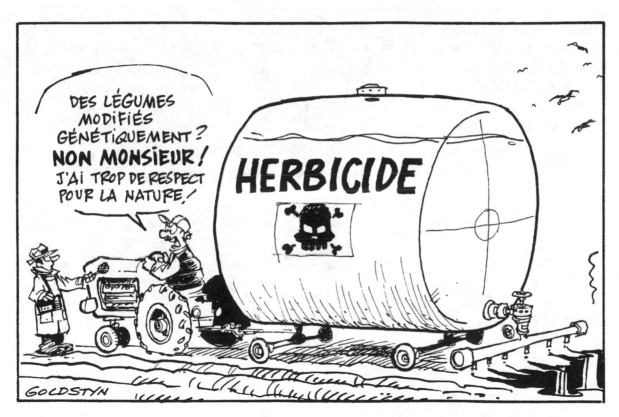

Clermont-Ferrand 1937. Des généticiens introduisent
des gènes d'humoristes dans un bovin.

Chanel et l'Institut canadien du porc mettent au point un cochon transgénique.

# DANS LE MONDE MERVEILLEUX DE LA TECHNOLOGIE
## Innovations

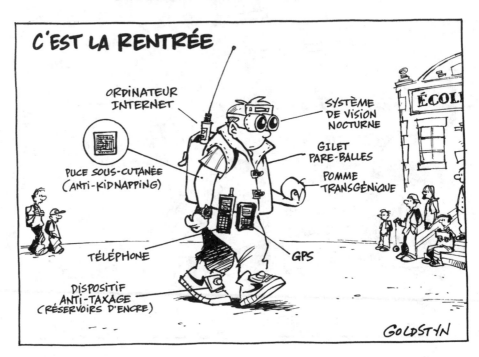

«Les appareils ménagers intelligents : allons-nous trop loin ?»

Le guichet automatique intelligent.

Après avoir construit sa machine à télétransporter,
le petit Philippe-Olivier trouve enfin un cobaye pour l'essayer.

L'évolution technologique du barbecue.

L'avenir est au recyclage des automobiles.

... neutralise l'ennemi sans l'annihiler.

# Histoires sans fil

Les enfants à la clé dans le cou de l'an 2000.

# Souvenez-vous de la réalité virtuelle

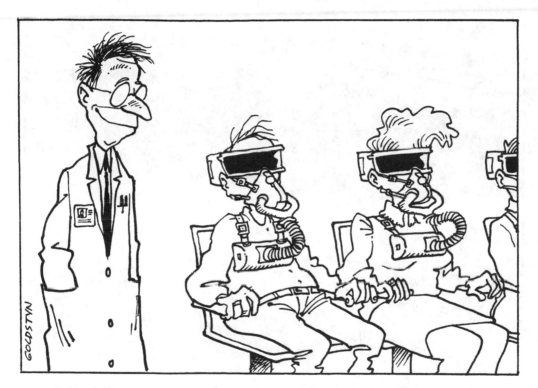

Grâce à l'invention du professeur Spüntz, basée sur la réalité virtuelle,
la dépendance à la cigarette est maintenant chose du passé...

« La réalité virtuelle se taille une place dans les congrès scientifiques. »

« L'ONU trouve enfin ça solution aux problèmes de la planète. »

Cauchemar punk en réalité virtuelle.

« L'application de la réalité virtuelle dans le sport suscite
la controverse chez les fans. »

GOLDSTYN

Martin se croyait poursuivi par le Fisc, trompé par sa femme et kidnappé par la secte cannibale de son fils jusqu'à ce qu'il réalise que son programme de réalité virtuelle était défectueux.

# La vie après Internet

GOLDSTYN

Les rencontres sur Internet ne sont pas toujours à la hauteur des attentes.

Gérard et Thérèse étaient fiers de voir Junior élargir ses horizons grâce à Internet.

Réal avait le chancre mou, un prurit anal, un début de psoriasis et il puait de la gueule. Il n'empêche qu'il était très populaire sur le réseau Internet.

La pornographie abonde sur Internet.

Fantasme d'internaute.

GOLDSTYN

# La conquête de l'espace

Le désastre d'Apollo 13 enfin expliqué.

La NASA cherche de nouveaux candidats astronautes afin de raviver
l'intérêt du grand public pour les missions spatiales.

1997: L'astronaute canadienne Julie Payette arrive à la station spatiale russe MIR pour un séjour de 6 mois.

Soirée de loisirs dans la station spatiale.

Divergences culturelles dans l'espace.

La guigne s'acharne sur MIR.

Allô, ici la station MIR. Bonne nouvelle, le problème est en voie d'être résolu...

La NASA poursuit son objectif : des missions plus nombreuses
et de moins en moins chères.

La NASA prépare sa nouvelle sonde martienne.

Le mystère de la vie dans la météorite martienne enfin résolu.

Effet insoupçonné de la sonde martienne.

Marché aux puces sur Mars.

Le «Méga-G», dernier manège à la mode, connaît quelques ratés à son lancement.

# Plus les temps changent, moins c'est pareil…

Mars 2151 : Le réchauffement global se poursuit.

Je vais avoir besoin d'un spécialiste pour m'expliquer ce machin.
Est-ce qu'on a encore le numéro de téléphone du p'tit gars d'à côté ?

Les statistiques révèlent qu'une partie de la population est dépassée par les changements technologiques.

L'argent électronique aidera-t-il l'économie?

La robotisation a permis d'éliminer les emplois dégradants.

L'autoroute électronique permettra la chirurgie à distance.

«La vie à la ferme n'est plus ce qu'elle était.»

Fin tragique du Père Noël.

« Après les voitures et les autoroutes intelligentes, à quand les conducteurs intelligents ? »

# Le monde merveilleux des hôpitaux

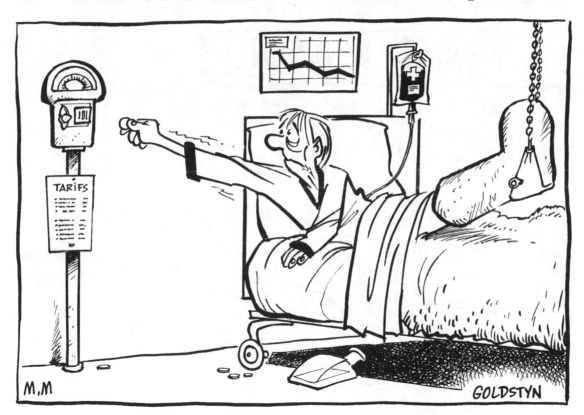

«Je n'y comprends rien, chaque fois, j'ai des morceaux en trop.»

La direction de l'hôpital avait mal choisi son moment
pour faire un exercice de feu.

# La science, c'est parfois dangereux!

« À cause d'une erreur d'adresse, Martin venait de livrer sa dernière pizza. »

Les inventeurs du logiciel à prévoir les conflits expriment leur désaccord
sur le partage des droits d'auteur.

# L'évolution selon Goldstyn

GOLDSTYN

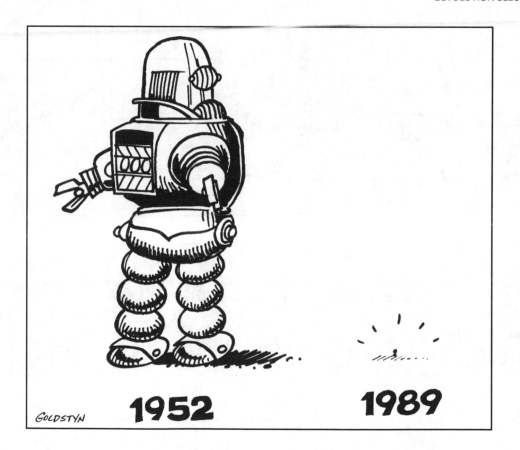

GOLDSTYN

1952          1989

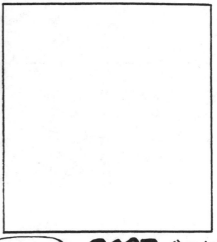

1895

1995

RADIO-CANADA ANNONCE QUE SI LA TENDANCE SE MAINTIENT...

2095 (À VENIR)

GOLDSTYN

# Sauvez la planète

Des pesticides en voyage.

Pollution lumineuse

Le dernier souci des Canadiens

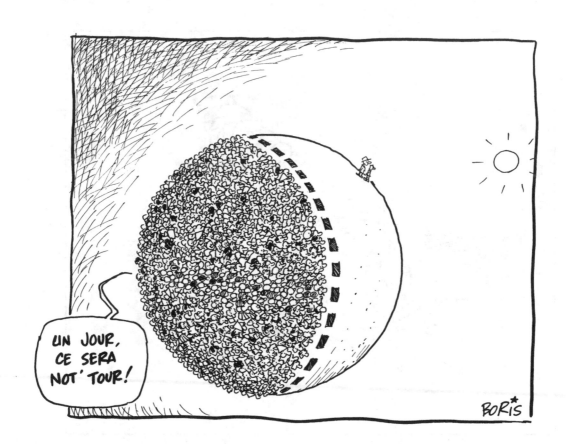